ESTELAS EN LA MAR:
Cantos Sentimentales

Genaro J. Pérez

ESTELAS EN LA MAR:
Cantos Sentimentales

Genaro J. Pérez

ESTELAS EN LA MAR: CANTOS SENTIMENTALES

iUniverse books may be ordered through booksellers or by contacting:

iUniverse
1663 Liberty Drive
Bloomington, IN 47403
www.iuniverse.com
1-800-Authors (1-800-288-4677)

ISBN: 978-1-4917-5840-3 (sc)
ISBN: 978-1-4917-5841-0 (e)

Printed in the United States of America.

iUniverse rev. date: 01/14/2015

A Janet, la mujer de mi vida.

"Caminante, no hay camino,
Sino estelas en la mar."
Antonio Machado

CONTENIDO

FANTASíA IV

Por favor
Lector
no se vaya todavía
deténgase unos momentos
más y
escuche mi voz
desconocida
no quiero estar solo
otra vez
enterrado entre estas páginas
llenas de extraños textos
lápidas olvidadas.
Cuando Vd. me escucha
acaricia mis palabras con los ojos
vivo nuevamente.
Adieu!

Genaro J. Pérez

FANTASíA III

Mis palabras no son pétalos
deslindándose de mis labios
cadencia sincopada
orden de judías
arrosariado.
Estimado lector
lee y escucha
un cuento triste
de un ser querido
contándotelo
mientras se ducha.

Genaro J. Pérez

PERFIL I

Su cuerpo
Venus desnuda
se yergue
granito frío
muerde mis dedos
mientras el cincel traza
groseramente las curvas
(perra en celo perseguida)
manos mancilladas
raspan la piel:
sangrante rosa de los vientos.
Martillo atormentador
de placeres solitarios
desmorona el mármol:
Imagen extraviada
como nubes olvidadas
manipuladas por el viento.

Genaro J. Pérez

NACIMIENTO PREMATURO

11:00 a.m.
la pluma
rehúsa descifrar
la colmena
de mis pensamientos:
las ideas chocan
con vals frenético
menguado garabateo
con el semen
de conceptos malogrados
fetos malformes,
inacabados textos,
nardos sin fragancia,
concha muda,
bastardos prematuros.

Genaro J. Pérez

CARTA IV

Lágrimas furtivas brotaron
en sus ojos grises
de cielo lluvioso:
gotas de rocío
en el cristal
del ventanal
eludiendo el *smog*
del mediodía:
gatito acosado
por perro rabioso.
Londres
siempre así
evocándome
a T. S.

Genaro J. Pérez

SIRENA

La miel de tu canto escucho
y consumo
brisas amorosas
copulando con
ramas columpiantes
de pinos verdosos
orgía silvestre
conmovido, estimulado
reflexiono:
nirvana de trotadores,
textos recónditos
por descifrar—
evitando considerar
que la monogamía
es *kitsch*

Genaro J. Pérez

MELANCOLíA

Por muchos años cruzo y
canto en el desierto
de textos inéditos
este cuento triste
tango texano
corrido gringo:
la amé todo un invierno
ante el fuego del hogar
la lepra de la naturaleza
cubría los campos
mortaja sucia y húmeda.
Se esfumó como humo de chimenea—
con los primeros trinos
primaverales de abril—
el mes más cruel—
portando consigo
su cepillo de dientes
solamente.

Genaro J. Pérez

LOS AÑOS

Nuestros años,
los de ella
y los míos,
se han fugado a borbotones
como agua
escapando
de una agujereada bolsa de plástico.
Ella, envejeciendo
inconsciente del tiempo—
ese ogro
de las pesadillas
de su niñez—
mientras examino
(mi reflejo
en el espejo
Hebe en mis hombros)
su metamorfoseo
paulatino
senos flojos
de gata parida
aquellas curvas
por las que conduje
alocadamente
con lujuria juvenil
desvanecen
pobladas de grasa
que se despliega
como kuzu por los campos.
Mientras duerme
lamento la fuga del cuerpo
de Diosa blanca
que me mantuvo
tantas noches sin dormir
cuando los resortes
de la cama cantaban
con acrónica armonía.
Erraré por esas estrechas calles
donde las sirenas cantan
y los marineros escuchan:
Calles Borbón, Santa Ana,
Dumaine, Royal, San Felipe,
Los Campos Eliseos.
Lloverá en temporada seca.

Genaro J. Pérez

JUAN IN A MILLION

Isolde de mis sueños
Diosa Blanca de mis oraciones
piel de porcelana
que mis dedos de canela
se atreven a tocar
pastelillo celestial
néctar en mis labios.
Te aparecías en mi piso
del *vieux carré*
durante muchas tardes ensoñadas
acostada en el colchón
sobre el suelo de azulejos
haciendo el amor
mientras las voces
de la Calle de Santa Ana
un oleaje de susurros
nos acompañaban en la siesta
magnolias, gasolina, y tufo marino
bailaban por el piso
a lo lejos
las campanas de San Luis
marcaban nuestros gozos
todo llegó y
se marchó
con la celeridad
de un bloque de hielo
derritiendose ante
el sol de un verano
de perros,
la juventud de un anciano.
Cuando la hora de marcharse
tocaba, siempre
tan repentina,
ella me susurraba
en el oído,
mientras su lengua
penetraba y salía,
y un tsunami
estremecía mi cuerpo,
que yo era *Juan in a million.*

17

Genaro J. Pérez

A PABLO NERUDA

Neruda me explicó
una vez
con melodiosa simplicidad
y rosariado hablar
 La vida es una serie
de preguntas encadenadas
excluyendo las
respuestas
entre la una y la otra.

Genaro J. Pérez

FANTASÍA II

Escucho rutinariamente
el ave favorita de
Bergman.
Aquel que resalta
en sonrisas
de una noche de verano—
estremezco
como hoja seca al viento
cada palabra pronunciada:
gotas de lluvia en invierno
de hogar sin fuego.

Genaro J. Pérez

FANTASÍA I

Durante mis noches lúgubres
la inexorable consumación
de tu futura ausencia
precipita el tsunami de recuerdos
que bailan como mariposas
al ritmo de un compositor anarquista
El infierno me devora
y el ave gigantesca del Bosco
me defeca
en ese pozo negro
y sin fondo.

Genaro J. Pérez

PIANOLA

"Tus dedos
tocan el piano,"
ella susurra
"de mi cuerpo."
Sus ojos ingenuos
y tan azules
como el infinito.
No respondí,
mientras bebía
de sus labios carmesí
el dulce/salado néctar
que estallaba
de su montículo.
Siempre guardé
cierto rencor
 hacia mi madre:
nunca me facilitó
lecciones de piano.

Genaro J. Pérez

CARTA 2

Les escucho
las cadenas gruñen
las pisadas familiares
los perros ladran
el aire acondicionado
suspira:
mis muertos
los que me precedieron
leen y escriben
conmigo
me guían los dedos
sobres las teclas
enérgicamente
diáfanos
cuando la realidad
interviene
me abandonan
solo
solitario
mudo.

Genaro J. Pérez

ESCUCHANDO LOS ÚLTIMOS CUARTETOS DE BEETHOVEN

Dulces palabras
no lo describen—
demasiado brusco
tiene cojones
pero no de cuero
como jugadores de Rugby—
esas cuerdas tantalizadoras
cantan
como orgasmos
de virgen.
Me atrevo a susurrar
con boca desdentada
balbuceo se hablan,
unas a otras!
Audívoro,
audichista,
las veo
follando como podencos:
perdigueros cantando.
Los remolinos
me oscilan
música del agua
Violín, Viola, Chelo,
Bajo, Contrabajo
perorando, discutiendo,
pinchando,
pulsando,
punteando,
la mente.

Genaro J. Pérez

ABUR

Voz tunelesca
el cuento acabado
obsequia recuerdos
pocas esperanzas
de los quince minutos
proverbiales
pero tú
querido lector anónimo
revives
me vives
mis noches oscuras.

Genaro J. Pérez

TESSY

Las damas de la noche
como los políticos
y actores,
actúan en muchos roles
papeles artificiales
por lo común
maquinados, segundones,
partes exageradas,
frecuentemente hastiadas
con sinceridad ocasional,
a menudo frías,
ventarrones árticos,
cortantes y penetrantes
pero honestas con infrecuencia
vulnerables y jóvenes
como la chica que conocí
en la *Combat Zone*
barrio notorio en Boston
catorce años cronológicos
y cientos de experiencia
cobraba por hora
canción de cabaret
doscientos por la noche
si el cliente era simpático.
Vivía en un cuartucho
vacío y sucio
tres muñecas sobre el colchón
en un piso de madera
venido a menos
por el tiempo
y el abuso.
Se desnudaba
con destreza de bailarina
y cuando saltaban los pechitos
del sostén entrenador
los pezones eran capullos
a punto de florecer
mientras me miraba
y sonreía
como vamps de películas B. ▶

Genaro J. Pérez

El triágulo púbico
tan lampiño
como cabeza de niño
recién parido.
Los brazos, las piernas
mapas de carreteras
picoteadas por herraduras
de blancos caballos
embrujadores
cuentos de hadas
que nunca leyó.
Mi pelo blanquecino
trasquilado por el tiempo
escarchado por muchos inviernos
proclama mi edad.
He contemplado muchas
mansas, dulces, humildes,
vulgares y salvajes
ninguna como Tessy,
envejecida semilla,
la vida un chuteo incesante,
su último viaje
a punto de arribar.

Genaro J. Pérez

A UN DESNUDO DE MODIGLIANI

Te contemplo
sentada
ojos abiertos de súcubo
meditando y preguntando
¿Cuándo?
No puedo
responder.
Mis labios
resecados,
suelo árido,
con cicatrices
de encuentros
olvidados
rehúsan
con-
moverse.

Genaro J. Pérez

CAMINANTE

Siguiendo este triste camino
que me lleva
a muchas y ningunas
partes
las huellas de viajeros
van y vienen
pero lo pasado
imposible de recobrar
como rosquillas de humo
disolviendose en el aire
y el porvenir
otro enigma
por descifrar.

Genaro J. Pérez

PRO

Tenía semblante
de diosa cansada
ojeras de noches
veladas
llenas de Johns
caballos y tequila--
sonreía cuando
se sentó
a mi lado
su zapato derecho
(colgando del
dedo gordo del pié
los otros vivarachos
enmascarados en rojo
columpiando
una pierna cruzada
sobre la otra
columnas bizantinas
piel de ángel
tono de rosas)
rozaba venialmente
mi pantorrilla
vestida en caqui.
La minifalda
descubría sutilmente
el triángulo púbico
como un gatito
en su regazo.
Le sonreí
cuando me
cotizó
una figura
y le dije:
No gracias.

Genaro J. Pérez

DICIEMBRES

Llegó tan
inesperado
como siempre
Duodécimo
y pregunté:
dónde están los otros?
Pero eso ya no importaba
lo (pre)sentía
se habían desmoronado,
esfumado,
estelas en la mar
ya no existían.
Yo los conocí a todos
cada uno
una vez
sirvieron sus propósitos
con sus propias
características.
Ella ya no podía
o quería escuchar
pues carecía
la capacidad de leer
labios,
demasiada pereza,
me murmuraba,
como riachuelo cantante
entre las rocas.
Me escribió una vez:
"eso me fatiga tanto."
Por ello su conocimiento
(o, familiarización forzada)
de ellos
suspendía el juicio.
Cómo explicarlo?
Una nota musical
de corta duración.

Genaro J. Pérez

PLEGARIA

Orfeo, divino poeta
Guíame a través
De mi enmarañada existencia:
Una miríada de fragmentados espejos
Y encadenadas fugas
Esta vida tan bella y tan oscura.
Héme aquí en estas tinieblas dolorosas
Noches eternas de vigilia
No hay sueños
Solo pesadillas
Prefiero ahogarme en el desvelo
Sumergido estoy
En una neblina sentimental
Al contemplar a mi adorada Atena
A mi idolatrada musa
En los brazos malignos de Morfeo.
La reconozco por su sonrisa:
Amplia y felina.
Ayúdame a rescatarla, divino Orfeo
Despiértala de ese sueño eterno
Que el amor de mi vida
No se marche para no volver.

Genaro J. Pérez

ESCRIBIR ES SUFRIR

Don Miguel le delucidó a Janet
Con la fineza y solemnidad
 de castellano Viejo
la cuestión de muchos subgraduados:
Las razones por los finales tristes
de la narrativa Hispana;
la falta de *Hollywood Endings*:
La felicidad hace mala literatura,
Respondió el maestro español.

Genaro J. Pérez

AMOR ES DOLOR

Demencia vil y veloz halcón
El cerebro de mi amada
Veo en tus garras destrozado
Talento diezmado y entorpecido
Memoria enciclopédica bloqueada
¿con quién diserto sobre el error cometido?
Al amor de mi vida no le correspondía
Tales desenlaces crueles y abusivos.
¿Cómo puede la verdad de la vida
Existir ante tanta iniquidad e insensibilidad?

Genaro J. Pérez

TRIPLE DIOSA

Mi esposa, mi madre, mi hija,
Diosa trina de mis ensueños
¿Dónde te encuentras?
Tu rapto fue inesperado e indigno:
Transportada por un carruaje ordinario
Tan infame y tan abyecto:
Tal blasfemia no tiene nombre!

Genaro J. Pérez

DELIRIO

En una pesadilla recurrente
En tierras desconocidas
Entre sujetos extraños
Cuyos lenguajes ignotos
No puedo interpretar
Desapareces súbitamente
y no te puedo vislumbrar
Mujer de mi vida
¿Dónde te encuentras?

Genaro J. Pérez

MALA LITERATURA

Los finales felices
Me explicó la mujer
de mi vida, sucintamente,
Hace mala literatura:
Nunca intuí, amor mío,
Que nuestras vidas
Terminarían siendo
Buena literatura.

Genaro J. Pérez

ELPIDA

Embriagado con el entusiasmo
De tu visita eminente
Rememorando tus ojos traviesos
Y esa sonrisa sutil y prometedora
De odiseas por emprender.
Viendo volver otras ahora lejanas
Que los años han decolorado
Como fotos antiguas de personajes
Ahora desconocidos y olvidados.
Tu y yo crearemos nuevos recuerdos
Que tu delinearás con la cadencia de
Tus susurros en las almohadas
De miríadas de habitaciones en hostales
Por encontrar en países desconocidos.

Genaro J. Pérez

BOLERO

Amor de mis amores
Por ti daría mi vida entera:
¿Por qué te vas para no volver?
¿Dime qué debo hacer
para que te quedes conmigo?
¿Nuestra Aventura por este mundo
Tan bello y tan oscuro
Ha llegado a su conclusión?

Genaro J. Pérez

SERA

Amor de mi vida
Tu aunsencia me sumerge
En una mazmorra emocional.
Liberado estoy por nuestra esencia
Odisea tallista de aquellas tierras
Entonces tan desconocidas.
Con mente impasible y serena
Acepto las insuficiencias del prójimo
¡Quien pudiera retornarte a mi custodia!
Mi devoción aplacaría los demonios
Que te invaden y te torturan.

Genaro J. Pérez

WHAT'S IN A NAME?

Mi Isabela
Plurabella
¿Dónde te encuentras?
Te secuestraron una mañana
Infame y traidora
Un acto cruel y canalla
Los rugidos de dragón
Se escucharon por todos
Los recintos de nuestro hogar

Genaro J. Pérez

EURíDICE

Que me dices mujer de mi vida
Te quedas en esa ciudad infernal
Cuyo nombre parodia
escritos luminosos:
acaricié tu divino rostro
prematuramente?
Infringí preceptos establecidos?
Háblame ninfa querida
Embriágame con tu voz
Que el sueño me ciña
Escuchando tu canto.

Genaro J. Pérez

ORFEO

Divino Orfeo
Escucha mi plegaria
Solicitando guía
En esta enmarañada existencia
Fruto de la pérdida
Como tú
del amor de mi vida.
Prematuramente me volví
Queriendo tenerla más cerca,
Mejor custodiada:
Apreciar su sonrisa
Sentir su presencia cercana
Que me ofrecía
Un aire suave de felicidad
Y seguridad y tranquilidad.
¿Mea culpa? ¿Mea culpa?
Nunca lo sabré.

Genaro J. Pérez

BUEN GUSTO

Ruskin apuntó
Muy elegantemente
Que el buen gusto
Es la única moral(idad)
El mal gusto
Como el fétido aliento
De los inebriados
Es lo inmoral encarnado.

Genaro J. Pérez

RECHAZO

¿Eres Tú quien rehúsa verme?
Amor de mis amores
Mujer de mi vida.
Conjeturo que te han administrado
Un maleficio que te ha envenenado.
Fácilmente olvidas los sediciosos:
Nuestro pasado que exploró
Tantos mundos y participó
En tantos golpes discretos
Contra aquellos que nos
Contradecían y encallaban
Futuros mejores y prudentes direcciones.

Genaro J. Pérez

SEDIENTO DE VENGANZA

Padre mío
¿por qué me abandonas?
Te necesito
como un día nublado
adolece la falta de sol.
Por rumbos imaginarios
Me encamino
Esperando justicia divina
Como en los cuentos de hadas:
Pero la puta ley se interpone
Y se vende al más opulento.
Justicia, enramada con iniquidades,
Sin sentidos olvidada:
Los jueces bailan en cabezas
De alfileres de oro:
La pobre anciana ha sido
Relegada a asuntos
Banales:
Con todos los males
Desatados y perpetrados
Por mortales
de sangre vil y maligna:
Por perdedores perdidos
En arrogancia y grandiosidad.
Marcados por la codicia
son sus vidas
Con la muerte confundidas.
Padre mío,
Arrójalos a las tinieblas:
Que su maldad los condene.

Genaro J. Pérez

LA VIDA ENTERA

Como en el bolero
Así era ella para mí
Isabel de mis sueños
Carmona para siempre amada.
Entre castillos recobrados:
Teníamos la vida ante nosotros
Como un festín para devorar.
Yo admiraba tu mente tan hermosa
Que resplandecía cuando contabas
Las peripecias de tu niñez
Y los paralelos con ciertas narrativas.
La vejez hizo acto de presencia
Sin invitación y sin razón
Como noches invernales prematuras:
Con sus malas horas
De toces y de fiebres.
Madre Naturaleza cruel
nunca perdonas:
Fría, distante e indiferente,
Olvida apresurada las desdichas
Que ha causado con sus desatinos:
Secuestró a mi amor y me la arrebató
Por los siglos de los siglos.

Genaro J. Pérez

DOLOR INFINITO

Llega el llanto inesperadamente
Como los inviernos de Lubbock:
El viento azota las puertas
Y las ventanas llorando
Suplicando acceso como amante
Rechazado por motivos
ocultos e inexplicables.
Todavía puedo escuchar
Tu voz lenta y triste:
Tu ausencia me remesa
Por cauces lúgubres.
El sollozo de amores perdidos
Se escapa de mi boca
Y mis sueños transfigurados
En pesadillas recurrentes:
Carmona, amor de mi vida,
¿Te acuerdas de TC?

Genaro J. Pérez

JáNUMAN

Dios Simio
escucha
Mi plegaria
Enjuícialos con tu poder
Trae a mi adorada esposa
Hechizada con sueño galopante
A mi lado y
Pon final a esta congoja
Con sus espinas
Afiladas garras que destrozan
El reposo y mi dicha:
Impuesto a beber
El cáliz de la amargura.
Ver volver a nuestro pasado
Es lo único que perdura.

Genaro J. Pérez

TINIEBLAS

Me encuentro en una oscura
Y horripilante mazmorra.
Mi vida sin su presencia
No tiene sentido,
Es una pesadilla
De la cual no puedo despertar.
Frecuentemente veo su rostro
Entre los caminantes que me rodean:
Envidio los enamorados de manos
Embebidos en su amor
Como palomas en la primavera.
¿hay vida después del desamor?

Genaro J. Pérez

SINFONíA INCOMPLETA

Nuestras vidas, Isabela
Eran una composición sinfónica
Truncada en momentos preciosos
Cuando nuestros años invernales
Prometían el florecer de una
Segunda primavera.
Cómo quisiera
Liberarte del maligno sueño
En que te encuentras
Isabela, plurabela.

Genaro J. Pérez

BOLERO II

Dicen que ya no me quieres
Que nuestras noches en Carmona,
Budapest, Petersburg y Tánger
Han desaparecido de tu mente
Como estelas en la mar.
Maniae se apoderaron
De tu hermoso intelecto
Con el cual disertabas
En vez del
 cigarrillo proverbial.
Con la cabeza llena de grillos
Que se arremolinan en el cerebro
Causando un tsunami de emociones
Que provocan que las lagrimas
Resbalen por mis mejillas
Y lluevan sobre las teclas.

Genaro J. Pérez

INJUSTICIA

Tenías apenas cuatro años
Cuando conociste
La incomunicación
Entre los seres humanos:
Tu hermanito menor llegó
A casa con todo el revuelo
Con que se reciben a los
Hijos recién nacidos.
Tú quisiste agasajarlo
Con tu juguete predilecto:
Un oso de terciopelo blanco
Que bautizaste con gran ceremonia
Con el nombre Osito.
Cuidadosamente te subiste
En una sillita de madera para echarlo
Con mucho amor en su cuna rosada
Que tú habías estrenado
Unos cuatro años antes
Y que ahora tenía la preponderancia
De un azul pastel en las sábanas
Y ositos en las mantas azules.
Pero la vida es tan injusta
Que tu ofrenda fue tachada
Como agresión contra el inocente.
Las pantorillas amanecieron
Con muchos colores
Que las manos abiertas
De tu padre pintaron en la piel
Con dolorosas pinceladas:
¡Que injustos somos los hombres!

Genaro J. Pérez

BOLERO III

En las arenas de Bermuda
Nuestros cuerpos húmedos vibraban
En un calidoscopio de playas
Que logran exiguos rastros en la memoria
Son fotos olvidadas y descoloridas.
En mis recuerdos más que en los tuyos
Repaso playas guardadas en remotos
Escondites en Trieste, Monfalcone,
Sitges, Rio y Cartagena.
Ya tú has olvidado aquellos momentos
Amor de mi vida
Has ingresado en otra realidad
Para mi vedada
Cómo quisiera acompañarte,
Mujer de mi vida.

Genaro J. Pérez

LAMENTO I

Adieu, mujer de mi vida
Ya te vas para no volver
Y me dejas condenado
Al desespero y a una soledad
Absoluta que me devora
Y me escupe en los infiernos
Repetidamente: día tras día
Encadenados a un eterno retorno:
Un Sísifo criollo denunciando
La arbitrariedad de la naturaleza.
Por las noches se escuchan
Alaridos primales de bestia encerrada.

Genaro J. Pérez

OCASO

Cuando la neblina de la demencia,
Esas babas del diablo
Que se apoderaron
De tu divina sapiencia, atracaba
¿me confundías acaso
Con aquellas frecuentes
Pesadillas de los abusos sexuales
A manos de jefes y colegas,
Y los abusos físicos y mentales
De tus pasados maridos?
Cómo quisiera tenerte junto a mí
Para cuidarte mejor, amada mía.
Para expiar así, amor mío
Todas las angustias, los abusos
Y penas por ti sufridos
Por las flaquezas de mi género.

Genaro J. Pérez

BOLERO IV

Por dónde andarás, amor
Qué aventuras tendrás
Y no puedo soportar
La perfidia de tu amor.
Me muero al pensar que
En tus sueños estás con otro
Que te da besos que yo ya
No te puedo dar:
Sólo Dios podrá decirte
Lo mucho que te quiero.

Genaro J. Pérez

BOLERO V

Hembra *sui generis*
Que todos los machos codiciaban
(Cuatro la llevaron al altar)
Esos senos de diosa madre
Y los ojos de diosa virgen
Cuya mirada bajaba al suelo
Por modestia cultural
No por requisa meticulosa
Como muchos machos
Erróneamente proclamaban.
Tu belleza causó frecuentes
Acosos sexuales al encontrarte
Compitiendo con machos
En una cultura machista y misógina:
Tu brillantés intelectual raramente
Apreciada por administradores,
Colegas, amantes y amigos.
Yo sí, amor de mis amores:
Fui seducido por tu ingenio
Sutil y radiante que muy pocos
Captaban y apreciaban.

Genaro J. Pérez

CODICIA

Te robaron, amor de mi vida,
No por la hermosura
De tu erudición
Sino por la herencia
De bienes terrenales.
Carmona mía, me es imposible
Encontrar una puerta
Para salir de nuestros recuerdos:
Los recuerdos de décadas de amor
Interrumpidos para siempre.
Adiós, amor de mi vida.

Genaro J. Pérez